Publicat per Liberum Vox Books Ltd

Primera edició
ISBN: 978-1-910650-01-1

Projecte i realització: Liberum Vox Books
Text i il·lustracions: Judit Franch
Traducció del castellà al català: Marina Roig
Correcció de text: Sandra Sol

© 2015 per a l'edició en català Liberum Vox Books ltd
www.liberumvoxbooks.com

Tots els drets reservats. Cap part d'aquesta publicació pot ser reproduïda, emmagatzemada o transmesa de cap manera ni mitjà, sense l'autorització prèvia de l'editor.

La mare somia amb una cuca de llum

Judit Franch

*Per a en David,
la cuca de llum
que il·lumina el cor
de la mare*

Feia molt temps
que a la nit,
mentre dormia,
una cuca de llum
visitava la mare
en somnis.

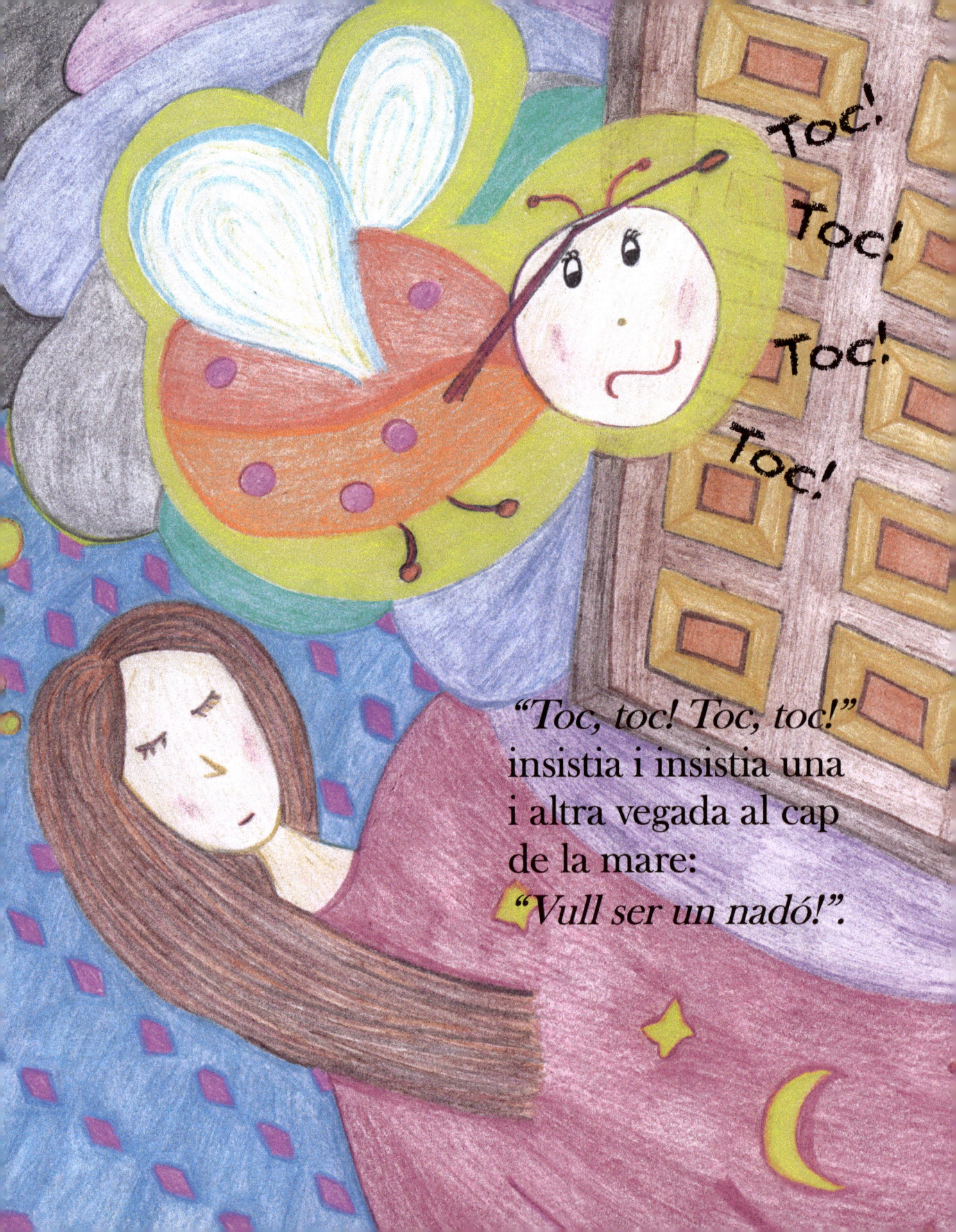

Toc! Toc! Toc! Toc!

"*Toc, toc! Toc, toc!*" insistia i insistia una i altra vegada al cap de la mare: "*Vull ser un nadó!*".

La mare li deia: *"Tranquil·la encara no és el moment. Més endavant".*

Però el temps passava i la cuca de llum s'impacientava i era cada vegada més insistent. La mare es feia la distreta i intentava explicar-li que calia esperar una mica més.

Fins que una nit la cuca de llum, ja cansada d'esperar, es va posar a bufar. Primer només una miqueta, i la mare va notar un pessigolleig a l'orella; després una mica més, i la mare va esternudar. Llavors la cuca, vermella de tan enfadada que estava, es va omplir d'aire i va deixar anar una bafarada llaaarga, llaaarga, llaaarga...

L'aire va començar a donar voltes pel cap de la mare i com un huracà va baixar-li fins als peus.

La mare, que dormia, va començar a somiar que volava i volava cada vegada més alt. Des d'allà va mirar cap avall i totes les dificultats que li havien semblat tan grans ara les veia cada cop més petites.

Llavors va sentir una gran tranquil·litat i va adonar-se que havia arribat l'hora que la cuca de llum es convertís en un nadó.

Quan aquell matí es va despertar estava molt contenta i feliç. Ara ja ben desperta, va dir-se: "Ja ha arribat l'hora que la cuca de llum es converteixi en un nadó".

Però llavors va pensar:
"Com podré fer-ho si estic sola?"

I de seguida va recordar un article que havia llegit al diari sobre una doctora que ajudava les mares que estaven soles a tenir un nadó.

Immediatament va buscar a Internet el telèfon de la doctora i va demanar-li hora.

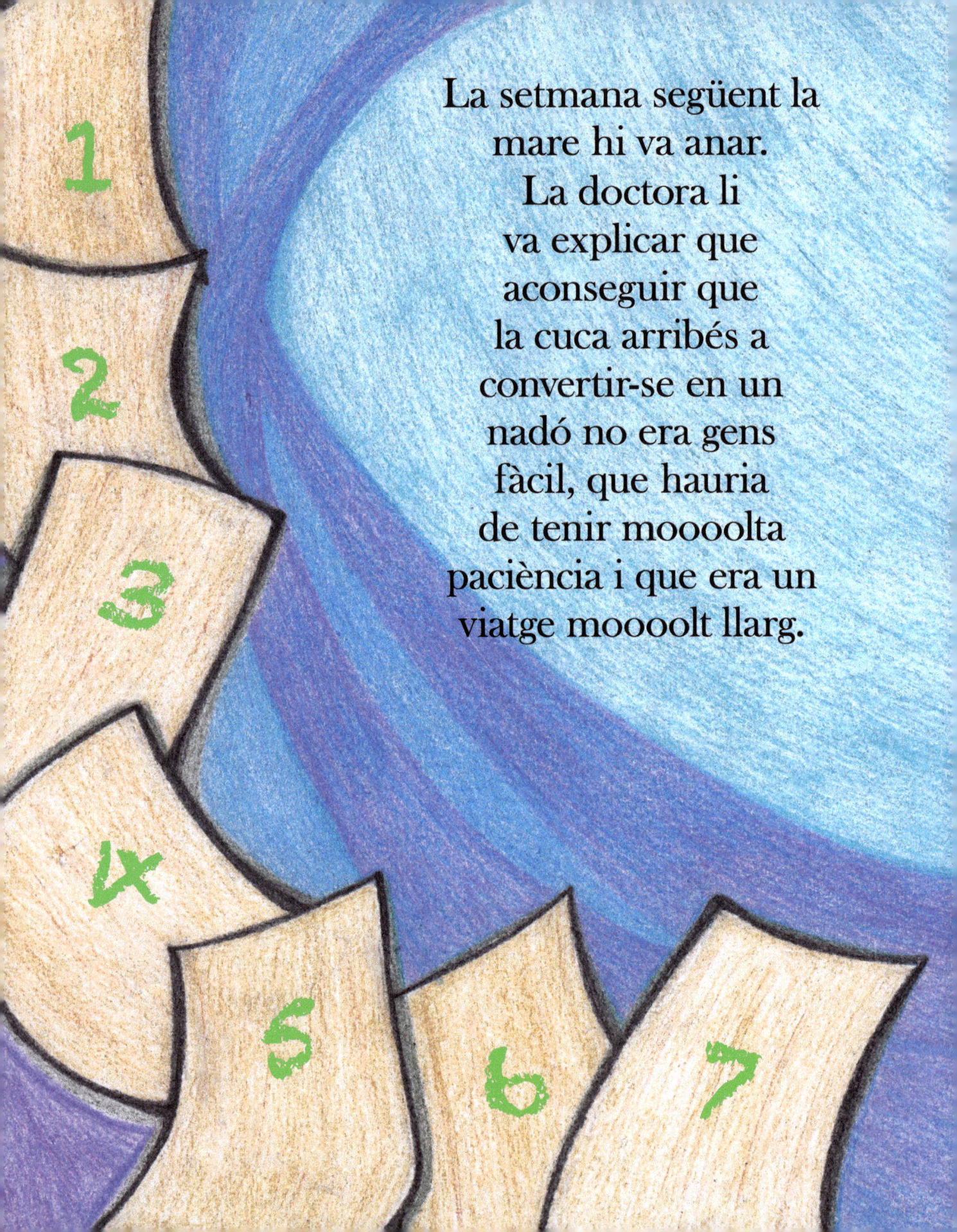

La setmana següent la mare hi va anar. La doctora li va explicar que aconseguir que la cuca arribés a convertir-se en un nadó no era gens fàcil, que hauria de tenir moooolta paciència i que era un viatge moooolt llarg.

La mare va escoltar atentament l'explicació de la doctora, va reflexionar uns segons i va dir: *"Conec les dificultats que cal superar, però, estic preparada per iniciar aquest llarg viatge".*

Llavors la doctora va somriure i li va dir que per fer un nadó calia unir dues parts: una que es diu òvul (procedent de les dones) i una altra que es diu espermatozoide (procedent dels homes).

Però... com es fa tot això?

Amb unes gotetes de la teva sang el Sr. Bioquímic pot fer-ho.

I llavors va afegir: *"Al banc de semen, que és el lloc on es conserven les llavors (els espermatozoides) que els senyors donants hi deixan, segur que hi trobem l'adequada per a tu".*

Llavors la mare va anar a veure la doctora, que li va explicar que hi havia diverses maneres perquè l'òvul i l'espermatozoide s'uneixin. Aquest procediment l'anomenem fecundació.

Li va explicar també com ho farien en el seu cas i que si tot sortia bé es formaria un zigot que s'allotjaria a la seva panxa, on creixeria durant nou llargs mesos...
Fins que neix un nadó!

I què va passar amb la cuca de llum?

Fi

www.ingramcontent.com/pod-product-compliance
Lightning Source LLC
Chambersburg PA
CBHW042359280426
43661CB00096B/1163